AF285208

ISM Working Paper No. 16

Celine C. Gildemeister; Audrey Mehn;
Jens K. Perret

Factory-Outlet-Center: Discount oder Disney? Eine explorative Analyse der Auswirkungen von Erlebnismarketing auf die Attraktivität von Factory-Outlet-Centern

Gildemeister, Celine C.; Mehn, Audrey; Perret, Jens K.: Factory-Outlet-Center: Discount oder Disney? Eine explorative Analyse der Auswirkungen von Erlebnismarketing auf die Attraktivität von Factory-Outlet-Centern

Herstellung: BoD – Books on Demand, Norderstedt

ISBN 978-3-7534-0168-3

ISSN 2627-4868

ISM - International School of Management gGmbH

Otto-Hahn-Str. 19 · 44227 Dortmund

www.ism.de

Tel.: 0231.975139-0 · Fax: 0231.975139-39

ism.dortmund@ism.de

Gildemeister, Celine C.; Mehn, Audrey; Perret, Jens K. (2021): Factory-Outlet-Center: Discount oder Disney? Eine explorative Analyse der Auswirkungen von Erlebnismarketing auf die Attraktivität von Factory-Outlet-Centern, Dortmund und Norderstedt, BoD, (Working Paper, 16) ISBN 978-3-7534-0168-3

Inhaltsverzeichnis

Gildemeister, Celine C.; Mehn, Audrey; Perret, Jens K.:
Factory Outlet Center: Discount oder Disney?

Tabellenverzeichnis

Abstract

The presented study analyzes the effects of experience marketing on the attractiveness of German factory-outlet-centers (FOC).

Due to a changing competitive landscape and societal value changes, the retail sector has to find new ways to remain attractive for consumers, one of this is the use of experience marketing. In FOC, however, this development has not been realized in its entirety. The empirical study answers the question whether FOCs have overseen the relevance of changing market conditions or if there is no demand for experiences and entertainment in FOCs. Another focus of this study is to evaluate how far these marketing approaches have the potential to increase the FOCs attractiveness.

The results indicate that experience marketing is less predominant for center visitors and customers than low prices and discounts. Furthermore, it shows that only omni-channel initiatives bear the potential to attract customers to a FOC.

1   Einleitung

In der heutigen Zeit, in der eine zunehmende Digitalisierung und eine immer härtere Wettbewerbssituation die Marktbedingungen erschweren, ist es für Unternehmen aus der Lifestyle Branche umso wichtiger, sich von der Konkurrenz klar abzugrenzen, sich ein einzigartiges Alleinstellungsmerkmal aufzubauen und ihre Kunden[1] individuell anzusprechen. Aus diesem Grund bedienen sich solche Unternehmen zunehmend an den Instrumenten des Erlebnis- und Eventmarketings, um ihre Kunden zu begeistern (Zimmermann/Littich 2012: 223).

Nach Kief (2008: 41ff.) wandelt sich die Gesellschaft zunehmend zu einer Erlebnisgesellschaft, weg von einer Bedarfsorientierung hin zu einer zunehmenden Genuss- und Freizeitorientierung. Der Trend entwickelt sich somit vom Bedarfskonsum zum Erlebniskonsum.

Gemäß Opaschowski (2000: 12) wollen „die Erlebniskonsumenten von heute [...] perfekte Illusionen und sind auch mit Scheinwelten zufrieden, wenn sie die Wirklichkeit übertreffen.".

Dies ist der Grund für den Erfolg von Themenparks und Erlebniswelten, wie sie beispielsweise im Disneyland oder in Brand Lands, wie der Swarovski Kristallwelt, vorzufinden sind. Hier können die Besucher in eine nahezu perfekte Welt eintauchen und sie hautnah erleben. Auch herkömmliche Einkaufszentren entfernen sich zunehmend vom Point of Sale zum Point of Experience, an dem den Besuchern ein ganzheitliches Erlebnis vom Einkauf, über Freizeit bis hin zu Kultur und Bildung geboten wird (Kief 2008: 61f.).

---

[1] Aus Gründen der Lesbarkeit wird in diesem Aufsatz die männliche Form stellvertretend für alle Personen verwendet.

Wenn dies in Einkaufszentren funktioniert ist es naheliegend, dass Factory-Outlet-Center (FOC) ebenfalls das Potential haben, zu Erlebnisorten zu werden, in denen dem Konsumenten, neben den günstigen Markenartikeln, Freizeitangebote und Shows geboten werden.

Die zentrale Frage besteht hier allerdings darin, ob Konsumenten dies wirklich wünschen, oder ob die FOCs ihren Fokus lieber auf den Verkauf von günstiger Markenware legen und das Entertainment den Disneylands dieser Welt überlassen sollten.

Hierzu werden die Auswirkungen von Erlebnismarketing auf die Attraktivität von FOCs genauer untersucht. Ziel ist es herauszufinden, inwieweit Erlebnisse und Events die Attraktivität von Factory-Outlet-Centern steigern können.

Zuerst wird deshalb im theoretischen Teil dargestellt, was ein Factory-Outlet-Center ist, welche Formen es gibt und welche Zielgruppe sie bedienen. Im Anschluss wird erörtert, was genau unter Erlebnismarketing verstanden wird, was ein Erlebnis ausmacht und wie es sich vom Eventmarketing abgrenzen lässt.

Im praktischen Teil wird die zugrundeliegende Fragestellung in ihren Nuancen mittels einer empirischen Erhebung untersucht.

Dazu werden vier Forschungsfragen aufgeworfen, welche anhand einer Fragebogenbefragung unter Konsumenten beantwortet werden.

Die Studie schließt mit einem Fazit und einer Evaluation der Ergebnisse ab; ebenso werden Empfehlungen für FOCs abgeleitet und Limitationen der vorliegenden Studie aufgezeigt.

2   Factory-Outlet-Center im Kontext des Erlebnismarketings

2.1 Factory-Outlet-Center – Eine Begriffsabgrenzung

Factory-Outlet-Center sind geschlossene oder unter freiem Himmel errichtete Zentren bestehend aus vielen eigenständigen herstellerbetriebenen Geschäften, die unter der Leitung eines zentralen Outlet-Center Managements stehen (Pittroff 2007: 10f.).

FOCs gehören zu der Kategorie des „Value Retails", welche als Oberbegriff für alle Arten von Retail für qualitativ hochwertige Produkte zu niedrigen Preisen definiert ist. Es kann zwischen dem klassischen Fabrikverkauf, Off-Price Stores und Factory-Outlet-Centern unterschieden werden (Karande/Ganesh 2000: 29f.).

Factory-Outlets (auch Fabrikverkäufe) sind eine Art der Vorwärtsintegration von Herstellern, welche an ihrem Firmenstandort Restposten und B-Ware zu stark reduzierten Preisen in Fabrikhallen an ihre Kunden verkaufen, so wie es Hugo Boss in Metzingen oder Esprit in Ratingen machen. Der Fokus liegt hier primär auf dem Warenabsatz und nicht auf dem Erlebniseinkauf in angenehmem Ambiente (Pabst/Brambach 1999: 171f.).

Off-Price-Geschäfte zeichnen sich dadurch aus, dass Händler qualitativ hochwertige Markenware aus Restposten von verschiedenen Herstellern zu günstigen Preisen einkaufen und diese an Endkunden verkaufen. Diese Off-Price-Geschäfte sind nicht vom Hersteller betrieben und umfassen mehrere Marken. Diese Punkte machen die größten Unterschiede zu den Factory-Outlets aus. Hier gibt es sowohl stationäre Konzepte, wie TK Maxx oder auch online Händler, wie Dress-for-less.

Factory-Outlet-Center hingegen können als eine Art Weiterentwicklung des Fabrikverkaufs angesehen werden, da sie eine Zusammenfassung von verschiedenen Fabrikverkäufen einzelner Händler in einem Centerkomplex darstellen.

Aus diesem Grund muss eine weitere Abgrenzung zu den klassischen Einkaufszentren gezogen werden, welche, ähnlich wie die FOCs auch, den Fokus auf ein Einkaufserlebnis mit Service, Freizeit- und Gastronomieangeboten legen und weniger das Einkaufen in den Vordergrund stellen. Einkaufszentren unterscheiden sich von FOCs nur in der Art der Ware (Neuware), den Preisen (regulärer Preis) und der Art der Betreiber. Meistens werden die Geschäfte hier von Herstellern und Händlern betrieben (Lausberg 2002: 30).

FOCs dienen den Herstellermarken dazu, Ware aus Überproduktion, der vorherigen Saison oder aus Retouren zu verkaufen und einzelne Artikel in verschiedenen Einzelgrößen und Farben zu stark reduzierten Preisen an den Endkonsumenten abzusetzen. Häufig werden hier auch fehlerhafte Artikel, Auslaufmodelle oder extra für diesen Vertriebskanal hergestellte Ware verkauft. In vielen Fällen nutzen Hersteller das Factory-Outlet als direkten Absatzkanal auch dazu, neue Produkte auf Markterfolg zu testen. Wenn sich diese hier erfolgreich verkaufen lassen, werden sie in den kommenden Saisons im regulären Handel verkauft (Chevalier/Gutsatz 2012: 56f.; ICSC 2017; Lausberg 2002: 12f.).

Das Sortiment in FOCs besteht zu 60% bis 70% aus Markenbekleidung des mittel- bis hochpreisigen Segments, zu 10% bis 20% aus Schuhen und Lederwaren und zu circa 10% aus weiteren Kategorien, wie Accessoires, Kosmetik, Heimtextilien oder Haushaltswaren (ecostra 2018b).

FOCs zeichnen sich dadurch aus, dass sie an verkehrstechnisch gut gelegenen Knotenpunkten, wie Autobahnauffahrten oder in dezentraler Lage, in Randgebieten von Städten, und in der Nähe von touristischen Zentren, liegen und eine Vielzahl an Parkmöglichkeiten haben. Hier treten sie nicht in Konkurrenz mit dem klassischen Einzelhandel (ecostra, 2018b).

Der Ursprung der FOCs liegt in den USA, wo in den 1970er-Jahren das erste FOC in Pennsylvania errichtet worden ist. Daraufhin folgte ein regelrechter Factory-Outlet-Boom, welcher in den 80er-Jahren von Amerika allmählich nach Europa kam. Die ersten europäischen FOCs wurden in Frankreich und Großbritannien errichtet. Auf Grund von restriktiven politischen Bedingungen und der Angst vor der Kannibalisierung der

Innenstädte entwickelten sich FOCs in Deutschland nur schleppend. Im Jahr 2000 wurde das erste FOC in Deutschland errichtet. Bis heute gibt es in Deutschland 14 FOCs (15, wenn das grenznahe Roermond hinzugerechnet wird), deren Fokus primär auf Bekleidung ausgerichtet ist. Sie weisen eine Gesamteinkaufsfläche von fast 215.000 qm² auf und machen ca. 5% des Gesamthandelsvolumens Deutschland aus (Stand 2017) (BTE 2018; ecostra 2018a; Pittroff 2007: 10f.).

Die 14 deutschen Factory-Outlet-Centers werden überwiegend von den drei größten Betreibern McArthurGlen, Neinver und der Value Retail Group geführt. Viele FOC wurden auf Grund der restriktiven Marktbedingungen in angrenzenden Ländern errichtet, um trotz der hohen Eintrittsbarrieren den deutschen Markt bedienen zu können (Furkert/Sailer 2017: 136f.).

Somit zählt auch das Designer-Outlet Roermond neben den in Deutschland sich befindenden Outlet Centern zu den wichtigsten FOC in Deutschland, da es direkt an der Grenze liegt und 65% deutsche Kunden hat. Das wirtschaftlich erfolgreichste Outlet in Deutschland – gemäß einer Mieterumfrage der ecostra - ist OutletCity in Metzingen (BTE 2018; ecostra 2017, 2018b).

Tabelle 1: **Deutsche Bekleidungs-Factory-Outlet-Center (nach Marken/ Shopvielfalt)**
Quelle: eigene Darstellung

Betreiber	Outlet	Größe	Positionierung
McArthurGlen	Designer Outlet Roermond	Ca. 204 Shops	Premium / Luxus
Value Retail	Wertheim Village	Ca. 135 Marken	Premium
Value Retail	Ingolstadt Village	Ca. 126 Marken	Premium / Luxus
Value Retail	Zweibrücken Fashion Outlet	Ca. 112 Marken	Casual / Premium
ROS Retail Outlet Shopping	Designer Outlet Soltau	Ca. 95 Marken	Casual / Premium
McArthurGlen	Designer Outlet Berlin	Ca. 90 Shops	Casual
Outlet Center International (OCI)	Designer Outlet Wolfsburg	Ca. 81 Marken	Casual
McArthurGlen	Designer Outlet Neumünster	Ca. 80 Shops	Premium / Casual
Holy Group	Outlet City Metzingen	Ca. 70 Marken	Premium / Luxus
McArthurGlen	Designer Outlet Ochtrup	Ca. 70 Shops	Casual
SJ International Outlet Management GmbH	Ochtum Park Outlet Bremen	Ca. 54 Marken	Casual
Neinver	The Style Outlet Halle/Leipzig	Ca. 53 Marken	Casual / Premium
Neinver	The Style Outlet Montabaur	Ca. 51 Marken	Casual / Premium
Hesta Beteiligungs GmbH	Seemaxx	Ca. 45 Marken	Casual
City Outlet Bad Münstereifel GmbH	City Outlet Bad Münstereifel	Ca. 42 Marken	Casual / Premium

In Deutschland vertreiben die meisten Factory-Outlet-Centers große, attraktive Marken im Casual bis Premium Bereich, um möglichst viele Kunden anzuziehen. Die Marken erstrecken sich von Labels, wie Nike, s.Oliver oder Levis im Casual Bereich bis zu Brands, wie Hugo Boss, Burberry, Armani oder Polo Ralph Lauren im Premiumsegment. Die wenigsten FOC führen auch Marken im Highend Luxusbereich. Hierzu gehören Brands wie Gucci, Prada oder Dolce & Gabanna, welche zum Beispiel im OutletCity in Metzingen oder im Designer Outlet Roermond zu finden sind.

Tabelle 1 gibt einen Überblick über die genaue Positionierung der FOCs in Deutschland. Das Designer Outlet Roermond ist aufgrund der Relevanz für den deutschen Markt mit aufgeführt, allerdings in grau wiedergegeben, um darzustellen, dass sich nicht um ein deutsches FOC handelt.

Schon lange sind FOCs nicht mehr auf den alleinigen Absatz von reduzierter Ware fokussiert, da die Konkurrenz durch den Onlinehandel und die vertikalen Filialisten viel zu groß geworden ist. Aus diesem Grund entwickeln sich FOCs zunehmend weg von den klassischen Verkaufszentren, hin zu Erlebniszentren, welche als Ausflugsziel für Familien und Freunde dienen und mit einem passenden Service- und Unterhaltungsangebot zu einem „enjoyable social event" werden, Dubas et al. (2015: 30). Die Verschmelzung von Unterhaltung, Freizeit und Einkauf ist bereits beim Bau des Outlet Centers Zweibrücken erkennbar. So wurde rund um das Outlet ein Erlebniscenter kreiert, welches neben den typischen Outlet-Geschäften auch ein umfassendes Freizeitangebot mit Kinos, einem Freizeitpark, sowie einer Eislaufbahn und Kinderbetreuungscentren bietet (Zweibrücken Fashion Outlet 2018).

Weiter bieten auch viele andere Factory-Outlet-Centers zunehmend eine Reihe von Events an, welche sich von einem After-Work-Treffen, über Late-Night-Shopping bis hin zu themenbezogenen Aktionen erstrecken. Das OutletCity Metzingen oder das Wertheim Village bieten beispielshaft neben den Freizeit- und Einkaufsmöglichkeiten im Outlet auch ein umfassendes Touristenprogramm an, welches sich über Mountainbike Touren bis hin zu Freizeitparkbesuchen und Hotelübernachtungen erstreckt (OutletCity Metzingen 2018; Wertheim Village 2018).

2.2 Erlebnismarketing

Alle erlebnis- und eventbezogenen Kommunikationsmaßnahmen gehören zu den Instrumenten der Live-Kommunikation, welche durch die Interaktion einer Marke mit den Konsumenten, der Inszenierung von Erlebnissen und häufig der emotionalen Ansprache gekennzeichnet ist (Künzler et al. 2016).

Scharf et al. (2009) unterscheiden zwischen der Visibilität der verschiedenen Instrumente der Live-Kommunikation.

Eine Einteilung erfolgt in „Above-the-line" und „Below-the-line" Kommunikation. Bei der Above-the-line Kommunikation sind Instrumente, wie direkte Werbung, Print- und

Fernsehwerbung gemeint. Bei der Below-the-line Kommunikation sind alle konventionellen und unkonventionellen Absatzmaßnahmen zusammengefasst, zu denen unter anderem auch das Event- und Erlebnismarketing sowie das Sponsoring gehören (Scharf et al. 2009: 376).

Dass diese Art der Kommunikation immer bedeutsamer wird, belegt die Kommunikations-studie von FAMAB (2017), welche eine kontinuierliche Steigerung des Umsatzvolumens für Live-Kommunikation und integrierte Markenerlebnisse aufzeigt. So waren es im Jahr 2017 7,65 Mrd. Euro, die für Live-Kommunikation ausgegeben wurden. Dies entspricht einer Steigerung von 6,5% zum Vorjahr.

Nach Weinberg (1995) ist das Eventmarketing eine Weiterentwicklung des Erlebnismarketings, da hier in dialogischer Form mit dem Kunden kommuniziert wird und so eine höhere Interaktion zwischen Anbieter und Nachfrager entstehen kann (Weinberg 1995: 100). Somit stellt das Erlebnismarketing das übergeordnete Konzept dar, welches mittels verschiedener Instrumente ausgestaltet werden kann. Das Eventmarketing ist eines dieser Instrumente, welche für die Erlebnisvermittlung eingesetzt wird.

Der steigende Wohlstand und der zu Beginn der 1980er- Jahre einsetzende Wertewandel mit dem Wunsch nach Selbstverwirklichung und der Hingabe zum Hedonismus führt zu einer stärkeren Nachfrage nach Erlebnissen. Der Wertewandel stellt daher eine grundlegende Voraussetzung für den Erlebniskonsum und somit auch für das Erlebnismarketing dar (Kroeber-Riel/Gröppel-Klein 2013: 61).

Um eine analytisch verwertbare Definition des Begriffs Erlebnismarketing zu bekommen, ist es zunächst relevant, den Begriff „Erlebnis" zu definieren.

Ein Erlebnis ist auf der einen Seite zwar definierbar, auf der anderen Seite aber für jedes Individuum subjektiv zu betrachten.

So bezeichnet Weinberg (1992: 3) ein Erlebnis als einen „subjektiv erlebten [...] Beitrag zur Lebensqualität der Konsumenten", der durch marketingpolitische Maßnahmen vermittelt wird.

Ereignisse werden je nach Person unterschiedlich wahrgenommen und je nach Situation als positives oder negatives Erlebnis betrachtet. So stellt für den einen ein Sonnenuntergang am Meer bereits ein Erlebnis dar, wo bei anderen das Gefühl eines Erlebnisses erst bei einem Fallschirmsprung ausgelöst wird. Das Ziel konkret geplanter Erlebnisse und Events seitens eines Unternehmens ist es, ein positives, faszinierendes Erlebnis zu schaffen, welches sich in den Erfahrungen und den Wünschen der Konsumenten widerspiegelt und sich langfristig in die Gefühlswelt dieser speichert. Von besonderer Bedeutung ist hier auch die Kommunikation der Erlebnisse über emotionale Botschaften, welche den Konsumenten individuell ansprechen (Hennings 2000: 58ff.).

Die Differenzierung über den funktionalen Nutzen ist heutzutage nicht mehr möglich. Lifestyle-Unternehmen versuchen sich daher mit einer emotionalen Kundenansprache und ansprechenden Werbebotschaften im Markt zu positionieren und durch den emotionalen Nutzen einen Mehrwert und somit einen Wettbewerbsvorteil zu verschaffen (Neumann 2008: 14f.).

Zur Instrumentalisierung dienen sowohl klassische Medien, wie Print oder Fernsehen mit Text- oder Bildbotschaft, als auch individuellere Maßnahmen, wie die Durchführung von Events (Neumann 2008: 15f.).

Ein Erlebnis sollte für einen Kunden so gestaltet werden, dass es sowohl passive/ unterhaltende Elemente beinhaltet als auch eine aktive Komponente mitbringt, welche den Konsumenten in den Erlebnisprozess mit einbezieht.

Damit ein Erlebnis nachhaltig erfolgreich ist und dem Konsumenten auch im Gedächtnis verbleibt, reicht die reine Aufnahme von Informationen und Unterhaltung allerdings nur bedingt aus. Ziel ist es, dass der Kunde oder auch der Besucher in ein Erlebnis eintaucht. Das Ereignis sollte ihn begeistern und fesseln, damit er alles andere um ihn herum vergisst und das Erlebnis wiederholen möchte. Es wird dann von dem sogenannten „Flow-Zustand" gesprochen. Erlebnismarketing charakterisiert sich deshalb dadurch, dass es immer inszeniert, verhaltensorientiert, affektiv und multisensorisch, das bedeutet alle Sinne ansprechend, und hedonistisch geprägt ist (Bauer et al. 2012: 14 ff.).

Um Erlebnismarketing erfolgreich umzusetzen, werden von Unternehmen inszenierte Erlebniswelten oder auch Themenwelten erschaffen, welche den Rezipienten begeistern, in eine andere Welt eintauchen und den Alltag in der idealisierten Welt vergessen lassen. Die Idee von Markenerlebniswelten kommt aus den USA, wo Brand Lands wie Hersheypark oder Disneyland ihren Ursprung haben (Fernie/Fernie 1997). Es geht um die Inszenierung einer Marke und die Vermittlung von Botschaften auf einer erlebnisorientierten, emotionalen Art und Weise. So wird Freizeit mit Konsum und einer Markeninszenierung verbunden. Das Ziel ist es nicht, die Wirklichkeit möglichst realitätsnah darzustellen, sondern das Bild einer nahezu perfekten Welt zu inszenieren, welches die Träume und Werte der Besucher authentisch widerspiegelt (Franck 2000: 28f.).

Auf Grund steigender Beliebtheit dieser Anlagen, auch unter älteren Besuchern, weiten Betreiber das Freizeitparkkonzept zunehmend auch auf andere Branchen aus. So sind Erlebniswelten auch zunehmend im Handel auffindbar, welche dem Konsumenten ein einzigartiges Einkaufserlebnis ermöglichen möchten (Heinemann 2017; Gottschalck 2013; Weinberg/Diehl 2005).

Für den Erfolg von Einkaufzentren und Erlebniswelten entwickelte Opaschowski (2000) die nachfolgende Formel, welche zeigt, was ein Erlebnis in einem Einkaufszentrum ausmachen sollte:

Tabelle 2:   **Campus Erfolgsformel**
Quelle: Opaschowski 2000

C.A.M.P.U.S.
Die Erfolgsformel für Erlebniseinkaufscenter im 21. Jahrhundert

C =	Cinema, Café, Cocktailbar, Catering, Cola, Champagner, Computer, Cash
A =	Arena, Attraktionen, Atmosphäre, Ambiente, Aura des Authentischen
M =	Marktplatz, Mehrzweckhalle, Musical, Musiktheater, Management
P =	Parkhaus, Parkplätze, Passagen, Promenaden, Palmen, Pubs
U =	Unvergessliches, Unvorstellbares, Unverwechselbares, Utopisches
S =	Shopping-Mall, Supermarkt, Superlative, Showprogramme, Service

Diese Formel lässt sich auch für den Erfolg von FOCs umsetzen. Neben den Herstellershops ist es möglich, das Markenangebot durch ein Unterhaltungsprogramm mit Kinos, Shows und Freizeitattraktionen zu ergänzen.

Gemäß Opaschowski (1995) ist eine Erlebniswelt eine themenbezogene Bündelung des Angebotes von „Natur-, Kultur-, Freizeit-, und Konsumerlebnisse[n]" in künstlich geschaffener Umgebung.

Beispiele für künstlich erschaffene Erlebniswelten sind zum Beispiel Urban Entertainment- oder Mixed-Use Center, wie das CentrO in Oberhausen, die sich durch ein umfassendes Angebot an Einkaufsmöglichkeiten, Gastronomie, sowie Kultureinrichtungen charakterisieren. Weitere Beispiele sind Freizeitparks, Brand Lands oder Brand Parks, in denen nicht der Konsumgedanke, sondern die Imagebildung das zentrale Ziel der Betreiber ist. So beinhalten Brand Lands eine Mischung aus Unterhaltung und Informationen gepaart mit einem Konsumerlebnis in einer künstlich errichteten Welt. Die Autostadt von VW, die BMW Welt oder die Swarovski Kristallwelt lassen sich dazu als Beispiele anführen.

Der Handel wird ebenfalls zunehmend erlebnisorientiert. Marken wie Burberry in London kreieren überdimensionale Flagship Stores, in denen der Kunde mittels Konzerten, einem Café und interaktiven, digitalen Elementen die Marke hautnah und emotional erleben kann. Auch in Deutschland sorgen Kaufhäuser, wie Breuninger oder das KADEWE mit Verkaufsaktionen und sich wechselnden Themenwelten immer wieder für überraschende Kundenerlebnisse, welche den Konsumenten an das Unternehmen binden sollen (Breuninger 2018; KaDeWe 2018).

FOCs zeichnen sich durch eine hohe Konsumorientierung und eine Mischung aus Produkt- und Freizeitorientierung aus. Das primäre Ziel ist hier der Verkauf der reduzierten Ware. Durch den Erlebnistrend entwickeln sich FOCs allerdings zunehmend zu erlebnisorientierten Entertainment-Centern, welche durch ein einzigartiges Ambiente, ein umfassendes Gastronomieangebot sowie ein immer größer werdendes Angebot an Events Merkmale der Freizeitorientierung aufweisen.

2.3 Forschungsfragen

Während die vorangehenden Abschnitte nahelegen, dass FOCs und Einkaufcenter strukturelle Ähnlichkeiten aufweisen, ist doch zu vermuten, dass sie einen anderen Typ von Konsumenten anziehen. Hierbei ist naheliegend, dass FOCs durch ihr Geschäftsmodell primär preisorientierte Konsumenten erreichen, insbesondere die sogenannten Smartshopper (Pabst/Brambach 1999: 166), die neben der starken Preisorientierung auch über eine starke Markenorientierung und -kenntnis verfügen. Hieraus leitet sich die erste Forschungsfrage ab:

Forschungsfrage 1 (F1): Begeistern Serviceangebote Besucher eines FOC mehr, als Events, Shows und Erlebnisse?

Aufbauend auf den Ergebnissen des Abschnitts zum Erlebnis- bzw. dem Unterbereich des Eventmarketings kann ergänzend die folgende Frage formuliert werden:

Forschungsfrage 2 (F2): Stellen Events für FOCs eine effiziente Maßnahme zur Kundenbindung dar?

Wie dargestellt dienen Erlebnisse und Events zur emotionalen Ansprache der Konsumenten. Durch diese Form der Kundenansprache kommt es annahmegemäß zu einer stärkeren Bindung des Kunden an die Marke bzw. das Unternehmen. Übertragen auf FOCs ergibt sich im Rahmen dieser Studie die dritte Forschungsfrage:

Forschungsfrage 3 (F3): Inwieweit steigern Erlebnisse und Events die Attraktivität von FOCs?

Der EHI Omni-Channel-Studie EHI (2016), aber auch Zimmer (2000) und Böckenholt et al. (2018) folgend, die eine Steigerung der Attraktivität durch die Integration digitaler Omni-Channel Ansätze postulieren, kann ein analoger Zusammenhang auch für FOCs vermutet werden und es ergibt sich als vierte Forschungsfrage:

Forschungsfrage 4 (F4): Stellen Omni-Channel-Ansätze eine Option zur Steigerung der Attraktivität in FOCs dar?

3   Methodik

3.1 Erhebungsinstrument

Die zur Beantwortung der herausgearbeiteten Forschungsfragen notwendigen Daten wurden durch eine quantitative Onlineumfrage erhoben. Onlineumfragen weisen den generellen Nachteil auf, einen Teil der Gesellschaft außen vor zu lassen. Der Anteil derjenigen, die kein Internet nutzen, ist allerdings in den vergangenen Jahrzehnten kontinuierlich zurückgegangen – in Deutschland liegt er aktuell bei knapp 10% (Statistisches Bundesamt 2020). Darüber hinaus erhebt die vorliegende Studie keinen Anspruch auf deutschlandweite und intergenerative Repräsentativität. Dies gilt umso mehr, als dass gemäß Lange et al. (2005) und Rosenkranz (1998) davon ausgegangen werden kann, dass Personen unterschiedlicher Altersgruppen divergierende Konsummuster und - motive an den Tag legen. Somit liegt das Ziel dieser Studie darin einen ersten Einblick in die Thematik zu erzeugen, wobei der Fokus primär auf den jüngeren Generationen – Generation Y und Generation Z liegt, die hier als Kohorte der 20- bis 39-Jährigen definiert ist; unterteilt in die beiden gleichbreiten Gruppen 20-29 und 30-39. Dies sind nicht nur die digital affineren Generationen mit eigener Kaufkraft, sondern auch diejenigen Generationen, für die Erlebnisse im Rahmen des Einkaufens eine zentrale Rolle einnehmen (Karande/Ganesh 2000; Keylens & Inlux 2018; OC&C 2019).Damit handelt es sich bei diesen beiden Generationen um die zentralen gerade auch zukünftigen Kundengruppen von FOCs (Karande/Ganesh 2000; Storefront 2019). Da beide Generationen durch Onlineumfragen auch sehr gut zu erreichen sind[2], kann eine Einschränkung der Repräsentativität durch besondere Fokussierung der Grundgesamtheit auf diesen Personenkreis, relativiert werden. Die Unterteilung in Intervalle von zehn Jahren wurde auch für die ältere Generation beibehalten.

Das Einkommen wurde in Gruppen von 0€-450€, 450€-1000€ und danach in Schritten von 1000€ abgefragt. Dies erlaubt nicht nur eine gezielte Erhebung des Niedriglohnsektors der für die Generationen Y und Z relevant ist, sondern erlaubt im Weiteren auch eine gleichbleibende Abstufung, wenn auf das Einkommen kontrolliert wird.

Neben allgemeinen Fragen zum Besuch von FOCs bzw. dem Grad der Erfahrung mit eben diesen, als auch sozio-demographischen Charakteristiken, richtet sich der Fragebogen an den, im vorhergehenden Abschnitt motivierten vier Fragen aus.

Unter Berücksichtigung, dass nicht alle Befragten bereits ein FOC besucht haben, wurde unterschieden zwischen solchen Teilnehmern, die bereits persönlich Erfahrung mit FOCs haben und solchen, die noch über keine Erfahrungen verfügen. Zwecks einer vergleichbaren Auswertung wurden allen Befragten abgesehen von speziellen Fragen zu früheren Erfahrungen mit FOCs inhaltlich die gleichen Fragen mit gering abweichender Formulierung präsentiert.

Der Fragebogen findet sich in vereinfachter Form als Referenz im Anhang.

3.2 Stichprobenauswahl

Das primäre Interesse der vorliegenden Studie besteht darin einen ersten Eindruck von der Einstellung der jüngeren Generationen in Bezug auf die zugrundeliegenden Fragestellungen zu erhalten. Auf diese Art wird die Vorarbeit für eine breiter angelegte Studie mit zielgerichteter Fokussierung gelegt.

Aufgrund des angegeben explorativen Charakters der Studie, die dem Austarieren einer Detailstudie dient, wurde lediglich auf eine post-faktum Repräsentativität abgestellt und die Datensammlung erfolgte in Form einer Gelegenheitsstichprobe, wobei

---

[2] In dieser Alterskohorte liegt der Anteil der Internetnutzer – mit einer Nutzung von mindestens einmal pro Woche - gemäß Eurostat zwischen 98% und 99%.

darauf geachtet wurde, idealerweise auf Kanäle zurückzugreifen, die stark von der oben definierten Zielgruppe frequentiert werden.

4 Analyse

4.1 Charakterisierung der Stichprobe

Insgesamt liegt eine Stichprobe mit 200 Probanden vor, von denen 50 aufgrund fehlender Angaben von der weiteren Untersuchung ausgeschlossen wurden, so dass der finale Datensatz 150 qualitativ verwertbare Beobachtungen umfasst.

Von 150 Befragten haben etwa ein Viertel bisher keine persönliche Erfahrung mit FOCs.

Da die Kernzielgruppe dieser Studie Mitglieder der Generationen Y und Z sind, stellt diese auch den Großteil der Befragten. Insgesamt 83,3% aller Teilnehmer sind einer der beiden Generationen zuzuordnen, wobei 7,3% zwischen 18 und 20, 66% zwischen 21 und 29 und 10% zwischen 30 und 39 Jahren alt sind. Bei zwei Dritteln der Befragten handelt es sich um Frauen und bei einem Drittel um Männer.

Dem jungen Alter der Probanden geschuldet, weisen die Befragten ein Medianhaushaltseinkommen (netto) von 1.205€ auf, mit etwa zwei Dritteln, die ein Nettohaushaltseinkommen unter 2.000€ aufweisen. Dieses Ergebnis deckt sich gut mit den Medianeinkommen, die Eurostat für vergleichbare Alterskohorten angibt. Das generell junge Alter der Probanden ist auch einer der Gründe dafür, dass über 80% der Befragten angaben noch ledig zu sein und nur knapp 15% verheiratet sind.

4.2 Erste Erkenntnisse zum Eventmarketing in Factory-Outlet-Centern

Zur Erreichung der grundlegenden Forschungsabsicht werden die zuvor motivierten Forschungsfragen unter Anbetracht der Ergebnisse der Erhebung untersucht. Alle im Rahmen dieses Kapitels angesprochenen Mittelwerte beziehen sich auf Größen, die über eine fünfstufige Likertskala erhoben wurden. Aufgrund dieser Form der Skalierung können gemäß Labovitz (1967) und Traylor (1983) alle Variablen als quasimetrisch angesehen werden und entsprechende Statistiken bzw. Tests durchgeführt werden.

> F1: Begeistern Serviceangebote Besucher eines FOC mehr, als Events, Shows und Erlebnisse?

Zur Beantwortung der ersten Forschungsfrage können insbesondere die beiden Fragenkomplexe herangezogen werden, welche Service- und Erlebnisangebote in einem FOC präferiert werden. Im Durchschnitt gaben die Befragten die folgenden Bewertungen ab, wobei die einzelnen Angebote in beiden Tabellen bereits hinsichtlich ihrer durchschnittlichen Relevanz angeordnet sind.

Tabelle 3:   Rangfolge der Serviceangebote
Quelle: eigene Darstellung

Rang	Serviceangebot	Mittelwert	Männer	Frauen
1	Übersichtliche Storegestaltung	**3,47**	**3,24**	**3,58**
2	Factory-Outlet-Online-store	**3,29**	**2,96**	**3,45**
3	Kundenkarten	**3,26**	**2,86**	**3,46**
4	Interaktive Spiegel	**3,15**	**2,76**	**3,35**
5	Interaktive Schaufenster	**2,94**	**2,61**	**3,10**
6	Personal Shopping App	**2,93**	**2,45**	**3,17**
7	Selbstbedienungskassen	2,83	2,75	2,87
8	Gruppenangebote	2,80	2,67	2,86
9	Tablets im FOC	2,74	2,59	2,81
10	Lieferservice	2,65	2,44	2,75
11	Digital Store Feature	2,54	2,51	2,55

Anmerkung: Signifikante Unterschiede zwischen Frauen und Männern sind fett gekennzeichnet (einseitiger Mann-Whitney-U-Test mit $p < 0,05$).

Tabelle 4:   Rangfolge der Erlebnisangebote
Quelle: eigene Darstellung

Rang	Erlebnisangebot	Mittelwert	Männer	Frauen
1	Probieraktionen	**3,56**	**3,00**	**3,83**
2	Wechselnde themenbezogene Pop-Up Welten	3,05	2,80	3,17
3	Themenwelten	**2,97**	**2,53**	**3,18**
4	Tutorials	**2,87**	**2,10**	**3,24**
5	Shows (Autogrammstunden, Cooking-Shows)	2,70	2,49	2,80
6	Konzerte	2,57	2,35	2,67
7	Liveshows (Holiday on Ice)	**2,27**	**1,80**	**2,50**
8	Lesungen	**2,01**	**1,80**	**2,12**
9	Kinderkarussell, Eislaufbahn	2,00	2,10	2,33

Anmerkung: Signifikante Unterschiede zwischen Frauen und Männern sind fett gekennzeichnet (einseitiger Mann-Whitney-U-Test mit $p < 0,05$).

Tabelle 3 fasst die durchschnittlichen Bewertungen für Serviceangebote und Tabelle 4 für Erlebnisangebote zusammen. Der Fragebogen im Anhang enthält noch neben dem Originaltext der Fragen auch Beispiele für die einzelnen Services und Erlebnisse, soweit nicht bereits angegeben.

Ein direkter Vergleich der beiden Tabellen an sich ist nur schwer möglich, da es sich um zwei Sets verschiedener Service bzw. Erlebnisausprägungen handelt (dies würde die Anwendung einer multivariaten Varianzanalyse mit 20 abhängigen Variablen erfordern und entsprechende Probleme mit der Stichprobengröße nach sich ziehen) und darüber hinaus die Auswahl der genannten Angebote weder erschöpfend noch repräsentativ für alle FOCs ist (was ein zusätzliches formales Problem darstellt). Eine indirekte Möglichkeit des Vergleichs ergibt sich indem der Mittelwert über alle Serviceangebote bzw. Erlebnisse bestimmt wird; wobei die Serviceangebote mit einem Wert von 2,96 bewertet werden, die Erlebnisangebote allerdings nur mit einem Wert von 2,67, also nahezu ein Drittel einer Bewertungsstufe schlechter. Alternativ kann eine Einzelanalyse der jeweiligen Bestandteile vorgenommen werden.

Der generelle Trend, dass Serviceangebote als wichtiger im Vergleich zu Erlebnisangeboten angesehen werden, wird allerdings auch dadurch deutlich, dass bei den Erlebnisangeboten lediglich die Probieraktionen (mit einem Mittelwert von 3,56) und die Pop-Up Welten (mit einem Mittelwert von 3,05) über dem theoretischen Mittel von 3 liegen. Bei den Serviceangeboten sind dies vier aus insgesamt 11 Angeboten. Ebenso liegt die schlechteste Kategorie bei den Erlebnisangeboten mit einem Mittelwert von 2 wesentlich unterhalb des theoretischen Mittels; die schlechteste Kategorie bei den Services weist einen Mittelwert von 2,56 auf.

Dieser Trend wird dadurch gestützt, dass 59,3% der Befragten angaben, dass sie nicht mehr Geld ausgeben würden bzw. planen auszugeben, wenn vermehrt Erlebnisse und Events angeboten werden. Ebenso würden auch 58% der Befragten, ein FOC nicht häufiger besuchen, nur weil dort Events stattfinden. Auch wenn dieses Ergebnis auf den ersten Blick konterintuitiv erscheint deckt es sich doch in Ansätzen mit den Erkenntnissen von Sit et al. (2003), die argumentieren, dass der Service-orientierte Shopper auch als Entertainment-orientiert angesehen werden kann.

Teilt man die Stichprobe dahingehend auf, ob Probanden bereits ein FOC besucht haben oder nicht, so ist bemerkenswert, dass lediglich bei der Bewertung der Relevanz von übersichtlichen Stores ein schwach signifikanter Unterschied vorliegt, die anderen Kategorien allerdings nahezu identisch bewertet werden. Die Unterschiede in diesem Kontext wurden ebenfalls mittels eines Mann-Whitney-U-Test getestet, da in diesem Fall die kleine Stichprobengröße einzelner Subgruppen nicht zu signifikanten Verzerrungen führt.

Ein vergleichbares Bild bietet sich auch in Bezug auf das Einkommen und das Alter des Probanden. Hier gibt es lediglich bei interaktiven Spiegeln und bei den Lieferservices signifikante bzw. schwach signifikante Unterschiede zu vermerken (es wurde auf einen Kruskal-Wallis-H-Test als Pendant zur einfaktoriellen Varianzanalyse für Ordinaldaten zurückgegriffen, um der geringen Stichprobengröße einzelner Untergruppen gerecht zu werden.).

Kontrolliert man hingegen auf das Geschlecht, so zeigt sich ein einheitlicheres Bild. Zur Veranschaulichung sind in den Tabellen 3 und 4 die Mittelwerte derjenigen Angebote fett markiert, bei denen ein signifikanter Unterschied zwischen den Geschlechtern vorliegt. (Es kam ebenfalls ein Mann-Whitney-U-Test zum Einsatz.) Bei allen Abweichungen weisen Frauen höhere Werte auf, so dass anzunehmen ist, dass für sie Zusatzan-

gebote per se interessanter sind als für Männer. Bei den in Tabelle 5 zusammengestell-
ten Gründen des Besuchs eines FOCs weisen Frauen ebenfalls die stärkeren Ausprä-
gungen auf, wobei hier die Unterschiede nur in zwei Fällen signifikant ausfallen (p <
0,05). Unabhängig vom Geschlecht kann daher geschlussfolgert werden, dass Events
der unwichtigste Aspekt für den Besuch eines FOCs sind.

Insbesondere sind es eher objektive Rahmenfaktoren wie Preis, Produktpalette und -
breite sowie Erreichbarkeit, die sogar noch vor Serviceleistungen von den Kunden
wertgeschätzt werden.

Tabelle 5:   **Gründe des Besuchs eines FOCs**
Quelle: eigene Darstellung

Rang	Grund	Mittelwert	Männer	Frauen
1	Guter Preis	3,45	3,37	3,50
2	Markenvielfalt	3,13	2,92	3,24
3	Markenauswahl	3,04	2,84	3,14
4	Markenbewusstes Einkaufen	**2,89**	**2,59**	**3,04**
5	Positionierung des FOC	**2,67**	**2,37**	**2,82**
6	Parkmöglichkeiten	2,66	2,51	2,73
7	Gute Verkehrsanbindung	2,59	2,43	2,66
8	Alles an einem Ort	2,41	2,12	2,54
9	Urlaubstag	2,29	2,16	2,35
10	Gastronomie	1,86	1,73	1,92
11	Unterhaltung	1,81	1,78	1,82
12	Events	1,70	1,47	1,81

Anmerkung: Signifikante Unterschiede zwischen Frauen und Männern sind fett gekennzeichnet (einseitiger
Mann-Whitney-U-Test mit p < 0,05).

Zusammenfassend bedeutet dies, dass Serviceangebote im Allgemeinen eine wichti-
gere Rolle beim Besuch eines FOCs spielen als Erlebnisangebote. Die zuvor motivierte
Forschungsfrage kann somit unter Einschränkung positiv beantwortet werden; zum einen gibt es durchaus signifikante Unterschiede zwischen den Geschlechtern, die für
die Betreiber von FOCs von Interesse sein können. Ebenso gibt es auch bei Erlebnisangeboten einzelne Angebotstypen (Probieraktionen), die, wenn auch als bereits etab-
liert anzusehen, von den Befragten als relevanter als alle anderen Services angesehen
werden. Wobei es wenig überrascht, dass Probieraktionen, wie bei der Verteilung von
Gratissamples, eine hohe Relevanz zugesprochen wird. Probieraktionen lassen das
Produkt greifbar werden und binden den Kunden auch alleine dadurch, dass er bereits
das Produkt genutzt hat und psychologisch eher bereit für einen Kauf ist. Vergleichbar
ist dies mit dem Endowment-Effekt der Verhaltenspsychologie, gemäß dem der wahr-
genommene Wert eines physischen oder immateriellen Gegenstandes dadurch steigt,
dass er als persönliches Eigentum angesehen wird (Knetsch 1989).

F2:   Stellen Events für FOCs eine effiziente Maßnahme zur Kundenbindung dar?

Zunächst kann die Ausgabebereitschaft der Befragten näher betrachtet werden. Es zeigt sich, dass 59,3% der Befragten angeben, dass Events ihre Ausgabebereitschaft nicht erhöhen, während weitere 25,3% sich noch unsicher sind. Während dieser Punkt zeigt, dass Events kein verlässliches Instrument für Betreiber von FOCs sind, um ihre Umsätze zu steigern, losgelöst von einem möglichen Attitude-Behaviour-Gap, so bedeutet dies nicht notwendigerweise, dass sie nicht zur Kundenbindung beitragen können.

Um die Kundenbindung stärker in den Fokus zu rücken, kann auf die Fragen zurückgegriffen werden, ob ein FOC bereits besucht wurde bzw. ob ein FOC häufiger besucht würde bei Events. Hier zeigt sich, dass ein überproportional großer Anteil derjenigen, die bereits ein FOC besucht haben, dies bei Events auch wieder besuchen würden (84,4% bei denen, die ein FOC bereits besucht haben, im Vergleich zu 75,9% bei denen, die noch kein FOC besucht haben).

Dies kann argumentativ dadurch gestützt werden, dass von den 118 Befragten, die bereits ein FOC besucht haben, lediglich 18% bereits an Events teilgenommen haben. Hier zeigt sich, dass diese auch überproportional stark geneigt sind, FOCs bei weiteren Events häufiger aufzusuchen. 25,9% derjenigen, die FOCs aufgrund von Events aufsuchen würden, haben bereits Eventerfahrung; bei denen die einen häufigeren Besuch ablehnen sind es nur 13,6%, die Eventerfahrung aufweisen. Diese Personen sind generell auch mehr geneigt zusätzlich Geld auszugeben, wenn Erlebnisse geboten werden. 26,3% derjenigen, die mehr Geld ausgeben würden weisen bereits Eventerfahrung auf im Vergleich zu 14,9% bei denjenigen, die nicht mehr Geld ausgeben würden.

Zusammen mit den Erkenntnissen der vorhergehenden Abschnitte ergibt sich hieraus das Bild, dass die Befragten ein FOC nicht primär wegen den Events aufsuchen. Sobald sie allerdings an einem Event teilgenommen haben, steigert die Aussicht auf weitere Events die Motivation das entsprechende FOC häufiger zu besuchen und in diesem Zusammenhang auch mehr Geld auszugeben. Dies stützt die Vermutung, dass sich Events als Instrumente der Kundenbindung eignen, so dass die zugrundeliegende Forschungsfrage ebenfalls positiv beantwortet werden kann.

Abschließend kann noch ergänzt werden, dass es den Betreibern von FOCs durchaus bewusst ist, die Kunden binden zu müssen und entsprechende Maßnahmen auch bereits, losgelöst von Events, realisiert wurden. So gaben etwa 30% der Befragten, die bereits ein FOC aufgesucht haben, an, dass sie bereits vermuten, dass FOCs sich darum bemühen, sie als Kunden zu binden, wobei dies wiederrum nur diejenigen beinhaltet, die sich dieser Tatsache auch bewusst sind.

F3:   Inwieweit steigern Erlebnisse und Events die Attraktivität von FOCs?

Da Erlebnisse und Events, wie im vorhergehenden Abschnitt motiviert, den Serviceangeboten eines FOCs untergeordnet sind, ergibt sich die Frage, ob sie dennoch zu einer Steigerung der Attraktivität eines FOCs an sich beitragen können. In diesem Zusammenhang wurde zunächst betrachtet, welche Gründe als relevant für den FOC Besuch genannt werden bzw. wie Besucher sich einen idealen Tag im FOC vorstellen.

In Tabelle 5 wurden bereits die durchschnittlichen Scores der Gründe für einen FOC-Besuch zusammengefasst.

Unterscheidet man zwischen denjenigen Befragten, die bereits ein FOC besucht haben und solchen, die lediglich mit der Frage konfrontiert wurden, welche Gründe für sie bei einem eventuellen Besuch relevant sind, zeigen die Ergebnisse entsprechender U-Tests, nur punktuelle Unterschiede.

Lediglich bei den Aspekten Events, Gastronomie und Verkehrsanbindung weichen die beiden Gruppen signifikant voneinander ab. Unabhängig davon teilen sich die Aspekte Unterhaltung und Events aber in beiden Teilgruppen die letzten beiden Plätze. Die Befragten ohne FOC-Erfahrung legen insgesamt ein etwas pragmatischeres Antwortverhalten an den Tag und rücken insbesondere Aspekte wie die Verkehrsanbindung stärker in den Vordergrund.

Von den Kontrollgrößen Alter und Einkommen bleiben die Ergebnisse im Großen und Ganzen unberührt und lediglich bei Parkmöglichkeiten besteht ein geringer Unterschied zwischen den Teilgruppen. Beim Geschlecht zeigt sich analog zum vorhergehenden Abschnitt, dass sich Männer und Frauen in mehreren Punkten unterscheiden, wobei Frauen hier die Aspekte markenbewusstes Einkaufen und die Positionierung des FOC, aber insbesondere auch die Events stärker in den Vordergrund rücken, wobei die Events auch bei den Frauen immer noch die vorletzte Position einnehmen.

Gründe ein FOC zu besuchen stellen allerdings primär eine vorausschauende Perspektive auf den Besuch eines FOCs dar. Um diese Perspektive durch eine entsprechend rückwärtsgerichtete Perspektive zu ergänzen wurde ebenso abgefragt, wie ein gelungener Tag im FOC für die Befragten aussieht.

Wie aus Tabelle 6 ersichtlich wird, spielen auch in dieser Perspektive Unterhaltung und Events eine deutlich untergeordnete Rolle und die Befragten besuchen ein FOC mit einer deutlich pragmatischeren Grundeinstellung.

Kontrolliert man auch hier auf Geschlecht, Alter und Einkommen, so zeigt sich, dass Alter und Einkommen lediglich in Bezug auf den ersten Aspekt Unterschiede aufwerfen. Aufgrund der deutlichen Dominanz der Altersgruppe 21-29 ist es hierbei allerdings schwierig eine eindeutige Struktur herauszuarbeiten.

Tabelle 6:   **Aspekte eines gelungenen FOC-Besuchs**
Quelle: eigene Darstellung

Rang	Wie sieht ein gelungener Tag aus?	Mittelwert	Männer	Frauen
1	Entspanntes Shoppen, in angenehmer Atmosphäre	4,36	4,10	4,49
2	Viele Schnäppchen machen	4,15	3,82	4,31
3	Von Angebot und Attraktionen begeistert werden	3,01	2,59	3,21
4	Gefühl eines Urlaubstags	2,87	2,47	3,06
5	Unterhaltung und Teilnahme an vielen Attraktionen und Events	2,21	2,02	2,30

Anmerkung: Signifikante Unterschiede zwischen Frauen und Männern sind fett gekennzeichnet (einseitiger Mann-Whitney-U-Test mit $p < 0,05$).

Lediglich die Kontrollgröße Geschlecht weist auf signifikante Unterschiede bei allen Aspekten hin. Stellt man die entsprechenden Mittelwerte einander gegenüber (Spalte 4 und 5 in Tabelle 6) so zeigt sich allerdings, dass Männer per se geringere Werte im Vergleich zu Frauen aufweisen, ohne dass eine besondere Struktur vorliegt oder sich die Reihenfolge der Aspekte ändert.

Auch in Bezug auf die Aspekte, die den Besuch eines FOCs attraktiver werden lassen, zeigt sich wie in Tabelle 7 zusammengefasst, dass die pragmatischen Motive, allen voran das Preismotiv, die Eventmotive bei weitem übertrumpfen.

Tabelle 7:   **Attraktivitätsfaktoren von FOCs**
Quelle: eigene Darstellung

Rang	Attraktivitätsfaktor	Prozentualer Anteil der Nennungen
1	Günstige Preise	82,7%
2	Rabattaktionen	76,0%
3	Markenvielfalt	74,0%
4	WLAN	62,7%
5	Gastronomieangebot	40,7%
6	Personalshopping	28,7%
7	Tütenservice	24,7%
8	Digitale Features in den Stores	18,7%
9	Freizeitattraktionen	16,7%
10	Konzerte	12,7%
11	Kinderbetreuung	12,0%
12	Sonstige	4,7%

Betrachtet man zusätzlich noch den Zusammenhang zwischen der Distanz, die die Befragten bereit sind für den FOC-Besuch zurückzulegen und ob sie ein FOC häufiger besuchen würden, wenn Events angesetzt sind, so zeigt sich, dass diejenigen für die Events die Attraktivität eines Besuchs erhöhen, auch diejenigen sind, die bereit sind verhältnismäßig größere Distanzen zurückzulegen. Hier liegt die Vermutung nahe, dass diesen Befragten das Event ein zusätzliches Incentive für die Überbrückung der höheren Distanz bietet bzw. bieten kann.

Der letztgenannte Punkt ist allerdings der einzige Indikator, der vermuten lässt, dass Events und Unterhaltung an sich die Attraktivität eines FOCs steigern können, so dass die dritte Forschungsfrage, ob Events die Attraktivität eines FOCs steigern können im Großen und Ganzen zu verneinen ist.

> F4: Stellen Omni-Channel-Ansätze eine Option zur Steigerung der Attraktivität in FOCs dar?

Neben der Frage, ob Events die Attraktivität von FOCs steigern können, kann zusätzlich auch der Frage nachgegangen werden, ob bzw. inwieweit Omni-Channel-Ansätze ebenfalls die Attraktivität eines FOCs steigern.

Insgesamt 56,7% der Befragten gaben an, dass sie ein generelles Interesse an Omni-Channel-Elementen im Rahmen ihres Einkaufs im FOC haben. Befragt in Bezug auf konkrete Omni-Channel-Ansätze, konnten allerdings nur personalisierte Shopping-Apps und Click and Reserve eine Mehrheit der Probanden überzeugen, Tabelle 8.

Eine Unterscheidung in Bezug auf das Alter ist in diesem Zusammenhang problematisch aufgrund der starken Dominanz der Gruppe der 21-29-Jährigen, aber auch in dieser Gruppe liegt keine besondere Präferenz für oder Abneigung gegen Omni-Channel-Ansätze vor. In Bezug auf das Geschlecht zeigt sich, dass es geringe Unterschiede bei dem Interesse an Omni-Channel-Ansätzen gibt.

Tabelle 8:   **Beliebtheit von Omni-Channel-Ansätzen**
Quelle: eigene Darstellung

Rang	Omni-Channel-Ansätze	Anteil
1	Personalisierte Shopping-App	51,3%
2	Click and Reserve	50,7%
3	Online Shop	49,3%
4	Click and Collect	34,7%
5	Im Laden kaufen und liefern lassen	29,3%

Bei Unterscheidung in Bezug auf das Geschlecht zeigt sich, dass zum einen Frauen Omni-Channel-Ansätzen per se offener gegenüber sind, die Reihung der Relevanz davon aber nicht beeinflusst wird.

Ein ähnlicher Effekt zeigt sich in Bezug auf Personen, die bereits ein FOC besucht haben. Diese sind per se interessierter an Omni-Channel-Ansätzen als diejenigen, die noch keine Berührungspunkte mit FOCs hatten, aber auch hier bleibt die Präferenzordnung erhalten.

Abschließend weisen weder das Alter noch das Einkommen einen signifikanten Einfluss auf die Präferenz der einzelnen Omni-Channel-Ansätze auf.

Es kann noch festgehalten werden, dass diejenigen, die eine positive Einstellung gegenüber Omni-Channel-Ansätzen mitbringen, sich auch überproportional häufig durch Events zu weiteren Besuchen angeregt fühlen.

Es kann daher geschlussfolgert werden, dass Omni-Channel-Ansätze den Einkauf in einem FOC attraktiver gestalten, wobei sie allerdings eher, sofern überhaupt vorhanden, primär als Hygienefaktoren fungieren und keinen direkten Effekt auf die Kundenwahrnehmung aufweisen. Ob sie alleine zu einer höheren Besuchsfrequenz beitragen, ist nicht gesichert. Im Zusammenspiel mit weiteren Events ist dies allerdings durchaus möglich.

5   Fazit

5.1 Zusammenfassung

Während die Theorie darlegt, dass Events und Unterhaltungsprogramme ein geeignetes Tool für FOCs darstellen, um sowohl neue Besucher zu attrahieren, als auch bestehende Kunden zu binden, wird diese Sicht von den Befragten nur sehr eingeschränkt geteilt.

Dieser Widerspruch lässt zwei Interpretationen zu. Auch wenn durchgeführte Events stark frequentiert werden, bedeutet dies nicht automatisch, dass sie auch der ausschlaggebende Grund für den Besuch des FOCs sind oder wenn sie es sind, dass sich die Besucher dessen auch aktiv bewusst sind.

Aus einer anderen Perspektive heraus kann angemerkt werden, dass die durchgeführte Umfrage zum einen nur eine kleine Stichprobengröße und zum anderen eine starke Verzerrung in Bezug auf die Altersverteilung aufweist, was allerdings dem Fokus der Studie auf die Kernzielgruppe der Generationen Y und Z geschuldet ist. Beide Aspekte zusammen können dafür sorgen, dass die zugrundeliegende Stichprobe nicht repräsentativ für den durchschnittlichen FOC-Besucher ist und das erhobene Verhalten von dem tatsächlichen durchschnittlichen Verhalten abweicht, insbesondere dem Verhalten von Vertretern der Alterskohorte 40+. Da allerdings der überragende Anteil der Befragten bereits Erfahrungen mit FOCs gemacht hat und der Fokus der Studie wie angemerkt primär auf den jüngeren Generationen liegt, kann diese Perspektive relativiert werden.

5.2 Handlungsempfehlungen für Factory-Outlet-Center

Unter Ausschluss der oben angeführten Argumente, liefert die vorliegende Studie einen ersten systematischen Eindruck von der Relevanz unterschiedlicher Service- und Erlebnisangebote. Diese können einen wertvollen Input für die Marketingabteilungen und das Management eines FOCs bieten, da sie aufzeigen welche Angebote insbesondere von einer jüngeren, digital affineren Klientel und damit vermehrt auch längerfristig potentiellen Kunden erwünscht sind.

Die Studie zeigt insbesondere auch sehr deutlich, dass Events vielleicht eine gute Idee darstellen, einen zusätzlichen Service zu bieten und dadurch die eigene Attraktivität zu steigern. Darüber hinaus darf der eigene Charakter als Marktplatz eines günstigen und vielfältigen Markenangebots allerdings nicht verloren gehen. Ebenso unerlässlich ist es eine der insbesondere digitalen Welt angemessene Infrastruktur bereitzustellen, die sowohl verkehrstechnische Elemente wie Parkplätze und eine gute Anbindung umfasst als auch digitale Elemente wie WLAN Verfügbarkeit und Onlineshops bzw. digitale Omni-Channel-Angebote. Also „Discount" mit Services ist doch wichtiger als „Disney".

5.3 Limitationen und Ausblick

Wie oben angeführt, leidet die vorliegende Studie primär daran, dass eine verhältnismäßig kleine und in Bezug auf das Alter sehr einseitige Stichprobe vorliegt, die entsprechend nur einen ersten Eindruck gewähren aber keine Repräsentanz gewährleisten kann.

Darüber hinaus kann auch nicht sichergestellt werden, dass bzw. inwieweit die Angaben der Befragten auch ihre tatsächlichen Handlungsmuster beschreiben und nicht allein Handlungsabsichten widerspiegeln.

Um gerade den letzten Punkt anzugehen, wäre es unerlässlich direkt bei stattfindenden Events vor Ort in mehreren FOCs Meinungen zu erheben, aus welchen Gründen das FOC besucht wird bzw. welchen Stellenwert das Event im Rahmen des Entscheidungsprozesses eingenommen hat und inwieweit das Event bereits im Vorhinein, zum Beispiel durch Werbeaktionen wahrgenommen wurde.

Eine Erhebung direkt vor Ort würde auch erlauben zwischen den unterschiedlichen FOCs zu unterscheiden und somit herauszuarbeiten, inwieweit die Besonderheiten einzelner FOCs die Besuchsmotivation beeinflussen. Auch erlaubt ein derartiger Ansatz zu prüfen, in welchem Maß die jeweilige Einzelsituation sich von der Motivation unterscheidet, ein FOC an sich zu besuchen.

Danksagung

Die Autoren danken dem anonymen Gutachter für das ausführliche und hilfreiche Feedback.

Literaturverzeichnis

Bauer, H. H.; Heinrich, D.; Samak, M. (Hg.) (2012): Erlebniskommunikation: Erfolgsfaktoren für die Marketingpraxis. Springer.

Böckenholt, I.; Mehn, A.; Westermann, A. (Hg.) (2018): Konzepte und Strategien für
Omnichannel-Exzellenz: Innovatives Retail-Marketing mit mehrdimensiona-
len Vertriebs- und Kommunikationskanälen. Springer.

Breuninger (2018): Breuninger News : E. Breuninger GmbH & Co. (https://www.e-
breuninger.de/de/news/). Abgerufen am 19.01.2021.

BTE (2018): Auswirkungen von Factory-Outlet Center auf den deutschen Textil- und
Bekleidungsmarkt. Positionspapier. (https://hv-hannover.de/wp-c500c-con-
tent/uploads/2018/07/FOC-Positionspapier-BTE.pdf). Abgerufen am
19.01.2021.

Chevalier, M.; Gutsatz, M. (2012): Luxury retail management: How the world's top
brands provide quality product and service support. Wiley.

Dubas, K. M.; Dubas, S. M.; Hill, D. (2015): A model to predict outlet stores' ratings
using value, quality, selection, and help. In: Innovative Marketing, 11. (2015),
Nr. 1, S. 28–41.

ecostra (2017): Factory-Outlet-Center Performance Report Europe 2017. Wiesbaden.

ecostra (2018a): Entwicklung der Factory-Outlet-Center in europäischen Ländern in
den Jahren 2009 bis 2018. Wiesbaden.

ecostra (2018b): Outlet Centres in Europe: Market Survey covering all operating and
planned Outlet Centres in the European Countries. Wiesbaden.

EHI (2016): Studie: Omnichannel-Commerce 2016. Köln.

FAMAB (2017): FAMAB Research: Die Zukunft des Marketing: Kommunikationsstudie
2016. Rheda-Wiedenbrück.

Fernie, J.; Fernie, S. I. (1997): The Development of a US Retail Format in Europe: The
Case of Factory Outlet Centres. In: International Journal of Retail & Distribution Management, 25. (1997), Nr. 11, S. 342-350.

Franck, J. (2000): Erlebnis- und Konsumwelt: Entertainment Center und kombinierte
Freizeit-Einkaufs-Center. In: Steinecke, A.; Brittner, A. (Hg.): Erlebnis- und
Konsumwelten. Oldenbourg, S. 28–43.

Furkert, M.; Sailer, U. (2017): Factory Outlet Center: Der Aufholprozess in Deutschland im Diskurs der Betreiber. In: Dannenberg, P.; Willkomm, M.; Zehner, K.

(Hg.): Geographische Handelsforschung: Vol. 25. Einzelhandel in Deutschland: Aktuelle Dynamiken im Kontext neuer Rahmenbedingungen. Verlag MetaGIS Fachbuch, S. 133-160.

Gottschalck, A. (2013): Schöne neue Welt. (https://www.manager-magazin.de/unternehmen/handel/a-900944.html). Abgerufen am 19.01.2021.

Heinemann, G. (2017): Die Neuerfindung des stationären Einzelhandels. Kundenzentralität und ultimative Usability für Stadt und Handel der Zukunft. Springer Gabler.

Hennings, G. (2000): Erlebnis- und Konsumwelten: Steuerungsfaktoren - Akteure - Planung. In: Steinecke, A.; Brittner, A. (Hg.): Erlebnis- und Konsumwelten. Oldenbourg, S. 55-75.

ICSC (2017): Europe Shopping-Centre Classification and Typical Characteristics. (https://www.icsc.com/uploads/t07-subpage/Europe-Shopping-Center-Definition-Standard.pdf). Abgerufen am 19.01.2021.

KaDeWe (2018): Super Asia im KaDeWe Programm - KaDeWe. (https://store.kadewe.de/events-specials/super-asia-kadewe/). Abgerufen am 19.01.2021.

Karande, K.; Ganesh, J. (2000): Who Shops at Factory Outlets and why? An Exploratory Study. In: Journal of Marketing Theory and Practice, 8. (2000), Nr. 4, S. 29-42.

Keylens & Inlux (2018): Konsumgenerationen 2018. Premium- und Luxus-Studie. (http://www.keylens.com/wp-content/uploads/2018/05/Konsumgenerationen-2018_Allgemein.pdf). Abgerufen am 19.01.2020.

Kief, A. (2008): Thematisierte inis- und Konsumwelten: Fluch oder Segen für Anbieter und Konsumenten? Igel-Verl.

Knetsch, J. L. (1989): The Endowment Effect and Evidence of Nonreversible Indifference Curves. In: The American Economic Review, 79. (1989), Nr. 5, S. 1277-1284.

Kroeber-Riel, W.; Gröppel-Klein, A. (2013): Konsumentenverhalten. 10., überarb., aktualisierte und erg. Aufl. Vahlen.

Künzler, M.; Herzig Gainsford, Y.; Arnet, M. (2016): Expo & Event Klima Studie 2016: Marktstudie zuhanden Expo-Event. Live Communication Verband Schweiz.

Labovitz, S. (1967): Some Observations on Measurement and Statistics. In: Social Forces, 46. (1967), Nr. 2, S. 151-160.

Lange, E.; Choi, S.; Yoo, D.; Adamczyk, G. (2005): Konsummuster der Jugendlichen. In: Lange, E.; Choi, S.; Yoo, D.; Adamczyk, G. (Hg.): Jugendkonsum im internationalen Vergleich: Eine Untersuchung der Einkommens-, Konsum und Verschuldungsmuster der Jugendlichen in Deutschland, Korea und Polen. Beck, S. 97-137.

Lausberg, I. C. (2002): Kundenpräferenzen für neue Angebotsformen im Einzelhandel: eine Analyse am Beispiel von Factory Outlet Centern. COinS. (https://duepublico2.uni-due.de/servlets/MCRFileNodeServlet/duepublico_derivate_00011030/Diss.pdf). Abgerufen am 19.01.2021.

Neumann, D. (2008): Die Marke auf dem Weg zum Erlebnis. In: Herbrand, N. O. (Hrsg.): Schauplätze dreidimensionaler Markeninszenierung: Innovative Strategien und Erfolgsmodelle erlebnisorientierter Begegnungskommunikation. Brand Parks, Museen, Flagship Stores, Messen, Events, Roadshows. Ed. Neues Fachwissen, S. 13-28.

OC&C (2019): Eine Generation ohne Grenzen: Generation Z wird erwachsen. (https://www.occstrategy.com/media/1904/eine-generation-ohne-grenzen_.pdf). Abgerufen am 19.01.2021.

Opaschowski, H. W. (1995): Freizeitökonomie: Marketing von Erlebniswelten. 2., durchges. Aufl. Springer. (Freizeit- und Tourismusstudien, 5).

Opaschowski, H. W. (2000): Kathedralen des 21. Jahrhunderts: Erlebniswelten im Zeitalter der Eventkultur. Germa Press.

OutletCity Metzingen (2018): Outletcity Metzingen. (https://www.outletcity.com/de/metzingen/business/). Abgerufen am 19.01.2021.

Pabst, O.; Brambach, G. (1999): Kontrovers diskutierte Vertriebsformen: OffPrice Stores, Factory Outlets und Factory Outlet Center in der Modebranche. In: T. Tomczak (Hrsg.): Alternative Vertriebswege: Factory outlet center, convenience stores, direct distribution, multi level marketing, electronic commerce, smart shopping. Schäffer-Poeschel, S. 164-183.

Pittroff, R. (2007): Factory-Outlet-Center 2008: Fakten, Hintergründe und Perspektiven in Deutschland. EHI Retail Inst.

Rosenkranz, D. (1998): Konsummuster privater Lebensformen: Analysen zum Verhältnis von familiendemographischem Wandel und privater Nachfrage. Deutscher Universitäts-Verlag.

Scharf, A.; Schubert, B.; Hehn, P. (2009): Marketing: Einführung in Theorie und Praxis. 4., überarb. und erw. Aufl. Schäffer-Poeschel.

Sit, J. K.; Merrilees, B.; Birch, D. (2003): Entertainment-Seeking Shopping Centre Patrons: The Missing Segments. In: International Journal of Retail & Distribution Management, 31. (2003), Nr. 2, S. 80-94.

Statistisches Bundesamt (2020): IT-Nutzung. (https://www.destatis.de/DE/Themen/Gesellschaft-Umwelt/Einkommen-Konsum-Lebensbedingungen/IT-Nutzung/Tabellen/zeitvergleich-computernutzung-ikt.html;jsessionid=C985C7D4ABCB9D738F8A5B9B30AD5A0B.internet8711). Abgerufen am 19.01.2021.

Storefront (2019): Millennials' shopping habits are reshaping the retail industry. (https://www.thestorefront.com/mag/millennials-shopping-habits-reshaping-retail-industry/). Abgerufen am 19.01.2021.

Traylor, M. (1983): Ordinal and Interval Scaling. In: Journal of the Market Research Society, 25. (1983), Nr. 4, S. 297-303.

Weinberg, P. (1992): Erlebnismarketing. Vahlen.

Weinberg, P. (1995): Kommunikation im Erlebnismarketing. In: Tomczak, T.; Müller, F.; Müller, R. (Hg.): Die Nicht-Klassiker der Unternehmenskommunikation. Thexis, S. 98-103.

Weinberg, P.; Diehl, S. (2005): Erlebniswelten für Marken. In: Esch, F.-R. (Hrsg.): Moderne Markenführung. Gabler, S. 263-286.

Wertheim Village (2018): Homepage. (https://www.wertheimvillage.com/de/home/). Abgerufen am 19.01.2021.

Zimmer, W. (2000): Die entscheidenden 10 Handelstrends und Strategieansätze für mehr Umsatz: Technisierung, Standortumwertung, Factory Outlet-Center, Erlebnishandel, Service, Handelsmarken, Rationalisierung, Vertikalisierung, Sortimentsvermischung, Convenience. BBE-Verl. (BBE-Praxis-Leitfaden).

Zimmermann, L.; Littich, M. (2012): Markenwelten als Schauplatz für Markenerlebnisse. In: Bauer, H. H.; Heinrich, D.; Samak, M. (Hg.): Erlebniskommunikation: Erfolgsfaktoren für die Marketingpraxis. Springer, S. 223-236.

Zweibrücken Fashion Outlet (2018): Zweibrücken Fashion Outlet Homepage. (https://zweibrueckenfashionoutlet.com/). Abgerufen am 19.01.2021.

Anhang (Fragebogen)

Fragen 2, 3, 10-15 wurden nur von denjenigen beantwortet, die Frage 1 mit ‚Ja' beantwortet haben. Fragen 4-9 wurden nur von denjenigen beantwortet, die Frage 1 mit ‚Nein' beantwortet haben.

1. Sind Sie schon einmal in einem Factory-Outlet-Center gewesen?
   Mit Factory-Outlet-Center sind Designer-Outlets für Bekleidung, wie zum Beispiel Designer-Outlet Roermond, Wertheim Village oder OutletCity Metzingen. gemeint.
   Ja
   Nein

2. Wie lange ist der letzte Besuch her?
   < 6 Monate
   6 Monate – 1 Jahr
   1 Jahr – 2 Jahre
   > 2 Jahre

3. Wie lange dauert ein Aufenthalt (von Ihnen) im Factory-Outlet-Center durchschnittlich?
   < 1 Std.
   1-2 Std.
   2-3 Std.
   3-4 Std.
   4-5 Std.
   5-6 Std.
   einen ganzen Tag

4. Warum waren Sie noch nie in einem Factor-Outlet-Center?
   Mehrfachantwort möglich
   Zu weit
   Kein Interesse
   Falsche Größen
   Unmodisches Angebot
   Weiß ich Nicht
   Sonstiges:

5. Was wäre Ihnen bei einem Factory-Outlet-Center-Besuch wichtig?
   Guter Preis
   Markenvielfalt
   Markenbewusstes Einkaufen (Ich möchte Markenkleidung tragen, aber wenig Geld ausgeben)
   Events
   Gastronomie
   Parkmöglichkeiten
   Alles an einem Ort (Shoppen, Freizeit, Gastro)
   Markenauswahl
   Positionierung des Outlets (Luxusmarken (Gucci), Premium (Hugo Boss), Casual (Nike))
   Unterhaltung (mehr als nur Einkauf; z.B. Shows und Attraktionen wie in Freizeitparks zusätzlich)
   Gute verkehrstechnische Anbindung
   Urlaubstag (Feriengefühl, Familienausflug)

6. Gibt es sonst noch Gründe, wieso Sie in ein Factory-Outlet-Center fahren würden?

7. Würde die Anzahl der Stores einen Einfluss auf Ihren Besuch haben?
   Ja
   Nein
   Egal

8. Mit wem würden Sie in ein Factory-Outlet-Center fahren?
   Mehrfachantwort möglich
   Alleine
   Mit Freunden
   Mit der gesamten Familie (u.a. Partner/in, Kindern, Großeltern...)
   Mit dem Partner/In
   Mit Kindern (nur mit Kindern)

9. Angenommen, Sie würden ein Factory-Outlet-Center besuchen:
   Wie würde für Sie ein gelungener Tag in einem Factory-Outlet-Center aussehen?

Gildemeister, Celine C.; Mehn, Audrey; Perret, Jens K.:
Factory-Outlet-Center: Discount oder Disney?

Ich möchte entspannt Shoppen, ohne Stress, in einer angenehmen Atmosphäre
Ich möchte unterhalten werden und an möglichst vielen Events und Aktionen teilnehmen
Ich möchte immer wieder überrascht/begeistert werden (vom Angebot, den Attraktionen...)
Ich möchte das Gefühl eines Urlaubstages haben
Ich möchte möglichst viele Schnäppchen machen

10. **Wieso fahren Sie in ein Factor-Outlet-Center?**

Bitte ordnen Sie zu jedem Punkt die Relevanz der Aussage von wichtig bis unwichtig zu

Guter Preis
Markenvielfalt
Markenbewusstes Einkaufen (Ich möchte Markenkleidung tragen, aber wenig Geld ausgeben)
Events
Gastronomie
Parkmöglichkeiten
Alles an einem Ort (Shoppen, Freizeit, Gastro)
Markenauswahl
Positionierung des Outlets (Luxusmarken (Gucci), Premium (Hugo Boss), Casual (Nike))
Unterhaltung (mehr als nur Einkauf; z.B. Shows und Attraktionen wie in Freizeitparks zusätzlich)
Gute verkehrstechnische Anbindung
Urlaubstag (Feriengefühl, Familienausflug)

11. **Gibt es weitere Gründe, wieso Sie ein Factors-Outlet-Center besuchen?**

12. **Hat die Anzahl der Stores eines Factor-Outlet-Centers Einfluss auf Ihren Besuch?**

Ja
Nein
Egal

13. **Würden Sie auch in ein Factor-Outlet-Center fahren, wenn dort keine bekannten Marken angeboten werden würden?**

(Bekannte Marken, wie z.B. Nike, Adidas, Burberry, Gucci, Boss...)

Ich würde das Factory-Outlet-Center auch besuchen, wenn dort keine großen Marken anzutreffen sind.

14. **Mit wem fahren Sie in ein Factory-Outlet-Center?**

Mehrfachantwort möglich

Alleine
Mit Freunden
Mit der gesamten Familie (u.a. Partner/in, Kindern, Großeltern...)
Mit dem Partner/In
Mit Kindern (nur mit Kindern)

15. **Wie sieht für Sie ein gelungener Tag in einem Factory-Outlet-Center aus?**

Ich möchte entspannt Shoppen, ohne Stress, in einer angenehmen Atmosphäre
Ich möchte unterhalten werden und an möglichst vielen Events und Aktionen teilnehmen
Ich möchte immer wieder überrascht/begeistert werden (vom Angebot, den Attraktionen...)
Ich möchte das Gefühl eines Urlaubstages haben
Ich möchte möglichst viele Schnäppchen machen

16. **Was würde für Sie die Attraktivität eines Factory-Outlet-Centers erhöhen?**

Mehrfachantwort möglich
WLAN
Kinderbetreuung
Personalshopping (Professionelle Hilfe beim Einkauf auf eigene Bedürfnisse abgestimmt)
Rabattaktionen
Tütenservice (Tüten werden am Ausgang „geparkt" / nach Hause geschickt)
Vielfältiges Gastronomieangebot
Markenvielfalt
Digitale Features in den Geschäften (Apps, interaktive Schaufenster...)
Konzerte
Freizeitattraktionen (Karussell, Achterbahn, Shows, Events...)
Günstige Preise
Sonstige

17. **Haben Sie den Eindruck, Factory-Outlet-Center versuchen Sie als Kunden zu binden?**

Ja
Nein

18. **Wären Sie bereit, mehr Geld auszugeben, wenn mehr Erlebnisse angeboten werden würden (z.B. Konzerte, Muttertags-Specials, Verkaufsaktionen in den Geschäften...)**

Ja
Nein
Vielleicht

19. **Welche Art von Erlebnissen würden Sie sich wünschen?**
Wechselnde themenbezogene Pop-Up Welten (z.B. Themenwelt Mann: Im ganzen Outlet würde es Aktionen für Männer geben; Whiskyverkostung, Zigarrenproben…)
Tutorials (Wie style ich mich richtig – Anleitung vom Profi…)
Probieraktionen
Themenwelten (z.B. Outlet-Aufbau nach Ländern, mit den jeweiligen Wahrzeichen…)
Konzerte
Lesungen
Shows (Show-Cooking, Autogrammstunden mit Fußballern in einem Adidas-Store…)
Kinderkarussell, Einlaufbahn
Liveshows (wie Holiday on Ice…)

20. **Haben sie schon einmal an einem Event in einem Factory-Outlet-Center teilgenommen (z.B. Testaktionen, Rabattaktionen, Konzert, After-Work-Drink…)**
Ja
Nein
Keine Angabe

21. **Wie fanden Sie das Event (die Rabattaktion, Testaktion, Konzert, After-Work-Drink…)?**
Gut
Schlecht
Verbesserungsvorschlag

22. **Wieso haben Sie noch nie an einer Aktion teilgenommen?**
Kein Interesse
Ich habe eine solche Aktion noch nie wahrgenommen
Ich würde daran teilnehmen, wenn so etwas häufiger angeboten werden würde
Keine Ahnung
Sonstiges

23. **Würden Sie häufiger in ein Factory-Outlet-Center fahren, wenn mehr Events/Erlebnisse angeboten werden würden?**
Ja
Nein
Keine Ahnung

24. **Welche Serviceangebote würde Sie sich in einem Factory-Outlet-Center wünschen?**
Digitale Store Features (Interaktive Screens, Ipads, Roboter…)
Interaktive Spiegel (Zeigen Outfitoptionen, verfühbare Größen, 3-dimensionaler Blick…)
Interaktive Schaufenster (z.B. Kleidungsvorschau, Zusammenstellen der Outfits, Online vorbestellen…)
Personal Shopping App (stellt Angebote für den Kunden beim Betreten des Outlets individuell zusammen)
Gruppenangebote (z.B. Familienkundenkarte)
Kunderkarte (Sonderangebote…)
Lieferservice (Einkäufe werden nach Hause geliefert)
Factory-Outlet-Onlinestore (wo Ware auch online bestellt oder reserviert werden kann)
Tablets (z.B. mit Lageplan des Outlets…)
Selbstbedienungskassen
Übersichtlichere Storegestaltung (weniger Ware, dafür bessere Gestaltung)

25. **Welche weiteren Serviceangebote würden Sie sich noch wünschen?**

26. **Fänden Sie es gut, wenn Factory-Outlet-Center Omni-Channel Ansätze in ihr Geschäftsmodell integrieren würden?**
Mit Omni-Channel ist das kanalübergreifende integrierte Einkaufen gemeint:
Das bedeutet, dass über jeden Kanal (Geschäft, Online, Katalog…) eingekauft werden kann. Darunter versteht man auch, im stationären Geschäft mit dem Handy im Online Shop Produkte (kanalübergreifend) zu bestellen oder sich darüber zu informieren.
Ja
Nein
Egal

Gildemeister, Celine C.; Mehn, Audrey; Perret, Jens K.:
Factory-Outlet-Center: Discount oder Disney?

27. Welche Omni-Channel-Ansätze fänden Sie gut?

   Welche Ansätze könnten Sie sich (auch wenn Sie die vorherige Frage mit Nein beantwortet haben) vorstellen?

   Mehrfachantwort möglich

   Personalisierte digitale Shopping-App, die passende Angebote und die richtigen Geschäfte für den jeweiligen Geschmack des Kunden findet

   Online Shop der Factor-Outlet-Center

   Click and Collect (online kaufen und dann im Geschäft abholen)

   Im Laden kaufen und nach Hause liefern lassen

   Click and Reserve (online im stationären Geschäft einen Artikel reservieren und im Geschäft anprobieren und gegebenenfalls kaufen)

   Sonstige

28. Würden Sie länger als einen Tag in einem Factory-Outlet-Center bleiben wollen?

   Ja

   Nein

   Bei passendem Angebot/Events vielleicht

29. Wie weit würden Sie für einen Factory-Outlet-Besuch fahren?

   <20km

   20-50km

   50-100km

   100-150km

   150-200km

   >200km

30. Wie alt sind Sie?

   17 oder jünger

   18-20

   21-29

   30-39

   40-49

   50-59

   60 oder älter

   Keine Angabe

31. Sind Sie...

   Männlich

   Weiblich

   Keine Angabe

32. Wie hoch ist Ihr monatliches Haushaltseinkommen netto?

   0€-450€

   451€-1000€

   1001€-2000€

   2001€-3000€

   3001€-4000€

   >4000€

   Keine Angabe

33. Sind Sie...

   Ledig

   Verheiratet

   Geschieden

   Keine Angabe

34. Haben Sie Kinder?

   Ja

   Nein

   Keine Angabe

Die Autoren

Celine C. **Gildemeister** schloss 2018 ihr Studium in Global Brand and Fashion Management an der International School of Management in Köln ab. Nach beruflichen Stationen im Loyalty Management und Produktmarketing schließt Frau Gildemeister aktuell ihr Graduiertenstudium in Digital Marketing an der International School of Management in Köln ab.

Prof. Dr. Audrey **Mehn** ist seit 2013 Professorin für Handel und Marketing und seit 2020 Vizepräsidentin Lehre an der International School of Management (ISM). Die gebürtige Französin studierte und promovierte an der Universität Siegen. Von 2004 bis 2013 war sie als Führungskraft in Fashion- und Lifestyle-Unternehmen tätig, u.a. bei Hugo Boss, s.Oliver und der business4brands. An der ISM hat sie u.a. die Studiengangleitung des Fernstudiengangs B.A. Marken und Modemanagement inne.

Prof. Dr. Jens K. **Perret** studierte Wirtschaftsmathematik und Wirtschaftswissenschaft an der Bergischen Universität Wuppertal. Er promovierte an der Bergischen Universität Wuppertal im Fach Volkswirtschaftslehre über die Wissensgesellschaft in Russland. Mehr als ein Jahrzehnt arbeitete Herr Perret am Europäischen Institut für Internationale Wirtschaftsbeziehungen und am Lehrstuhl für Makroökonomische Theorie und Politik an der Bergischen Universität Wuppertal. Er war Dozent an der Technischen Universität Kaliningrad. Seit September 2016 hat er eine Professur für Volkswirtschaftslehre und Statistik an der International School of Management in Köln inne.

Gildemeister, Celine C.; Mehn, Audrey; Perret, Jens K.:
Factory-Outlet-Center: Discount oder Disney?

International School of Management

Die International School of Management (ISM) zählt zu den führenden privaten Wirtschaftshochschulen in Deutschland. In den einschlägigen Hochschulrankings rangiert die ISM regelmäßig an vorderster Stelle.

Die ISM hat Standorte in Dortmund, Frankfurt/Main, München, Hamburg, Köln, Stuttgart und Berlin. An der staatlich anerkannten, privaten Hochschule in gemeinnütziger Trägerschaft wird der Führungsnachwuchs für international orientierte Wirtschaftsunternehmen in kompakten, anwendungsbezogenen Studiengängen ausgebildet. Alle Studiengänge der ISM zeichnen sich durch Internationalität und hohe Lehrqualität aus. Projekte in Kleingruppen gehören ebenso zum Hochschulalltag wie integrierte Auslandssemester und -module an einer der rund 190 Partneruniversitäten der ISM.

Mit dem ISM Working Paper werden Ergebnisse von Arbeiten präsentiert, wie z. B. Thesen, Ergebnisse aus Workshops oder aus eigenen Forschungsarbeiten. Ähnlich wie beim Research Journal for Applied Management, das ebenfalls zu den neuen ISM Publikationsreihen gehört, werden die Beiträge im ISM Working Paper einem fachlichen Bewertungsverfahren (Peer Review) unterzogen.

In der Reihe „Working Paper" bisher erschienen:

No. 1   Brock, S.; Antretter, T.: Kapitalkostenermittlung als Grauzone wertorientierter Unternehmensführung, 2014

No. 2   Ohlwein, M.: Die Prüfung der globalen Güte eines Kausalmodells auf Stabilität mit Hilfe eines nichtparametrischen Bootstrap-Algorithmus, 2015

No. 3   Lütke Entrup, M.; Simmert, D. B.; Tegethoff, C.: Die Entwicklung des Working Capital in Private Equity Portfoliounternehmen, 2017

No. 4   Ohlwein, M.: Kultur- vs. regionenbezogene Abgrenzung von Ländergruppen. Eine clusteranalytische Untersuchung auf Basis der Kulturdimensionen nach Hofstede, 2017

No. 5   Lütke Entrup, M.; Simmert, D. B.; Caspari, L.: Die Performance von deutschen Portfoliounternehmen nach Private Equity Buy-outs, 2017

No. 6   Brickau, R. A.; Cornelsen, J.: The impact of visual subliminal triggers at the point of sale on the consumers' willingsness to purchase – A critical investigation into gender differences, 2017

No. 7   Hampe, L.; Rommel, K.: Einflüsse von kognitiven Verzerrungen auf das Anlageverhalten deutscher Privataktionäre, 2017

No. 8   Brickau, R. A.; Röhricht, J.: Archaische Gesten im POS-Marketing – Die Nutzung archaischer Gesten in der Display- und Plakatwerbung, 2017

No. 9   Fontanari, M.; Kredinger, D.: Risiko- und Resilienzbewusstsein. Empirische Analysen und erste konzeptionelle Ansätze zur Steigerung der Resilienzfähigkeit von Regionen, 2017

No. 10   Schröder, C.; Weber, U.: Integration von Flüchtlingen in den Arbeitsmarkt als Chance für Diversity Management: Einführung und ausgewählte Beispiele im Kreis Steinfurt, 2017

No. 11   Zimmermann, N. A.; Gericke, J.: Supply Chain Risiko-management – Analyse des Status Quo und neuer Entwicklungstendenzen, 2018

No. 12   Haberstock, P.; Weber, G.; Jägering, C.: Process of Digital Transformation in Medium-Sized Enterprises - an Applied Re-search Study, 2018

Gildemeister, Celine C.; Mehn, Audrey; Perret, Jens K.:
Factory-Outlet-Center: Discount oder Disney?

No. 13   Potaszkin, I.; Weber, U.; Groffmann, N.: „Die süße Alternative"
              Smart Health: Akzeptanz der Telemedizin bei Diabetikern, 2018

No. 14   Holthaus, L.; Horn, C.; Perret, J. K.: E-Commerce im Luxusmarken-
              segment – Die Sicht deutscher Kundinnen am Beispiel Chanel,
              2020

No. 15   Bingemer, S.; Ohlwein, M.: Mit Customer Experience Manage-
              ment die Digitalisierung meistern – Die Rolle von Unternehmens-
              kultur und -organisation, 2020

No. 16   Gildemeister, C. C.; Mehn, A.; Perret, J. K.: Factory-Outlet-Center:
              Discount oder Disney?, 2021